5722 — 81
Br San finden
1881 — 1901

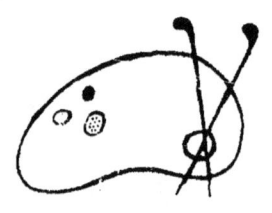

Début d'une série de documents en couleur

Couverture inférieure manquante

MONTBRISON

RELIGIEUX

NOTICE HISTORIQUE

PAR

l'abbé L. FILLET

Ancien curé de la paroisse

MONTBÉLIARD
IMPRIMERIE P. HOFFMANN
1881

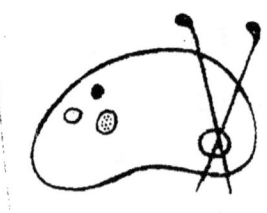

Fin d'une série de documents
en couleur

MONTBRISON

RELIGIEUX

NOTICE HISTORIQUE

PAR

l'abbé L. FILLET

Ancien curé de la paroisse

MONTBELIARD
IMPRIMERIE P. HOFFMANN

1881

Extrait du
*Bulletin d'histoire ecclésiastique et d'archéologie religieuse
des diocèses de Valence, Gap, Grenoble et Viviers*
1ʳᵉ ANNÉE, 6ᵉ LIVRAISON

MONTBRISON RELIGIEUX

I. Prieuré.

Montbrison, du moins celui dont nous allons parler, est une paroisse du canton de Grignan. Son territoire a deux parties distinctes : le *plan* ou la plaine, au couchant ; et diverses collines servant de contreforts à la montagne de la Lance, au levant.

Quatre de ces collines s'élèvent de front du côté de la plaine, mais à des hauteurs et avec des formes diverses. De ces quatre, l'avant-dernière du côté du sud, celle qui se rapproche le plus du centre du territoire, s'élève à près de 600 mètres au-dessus du niveau de la mer ; c'est un cône irrégulier, obliquant au nord-est, et se ralliant, presque jusqu'à son sommet rocheux et émoussé, à une colline plus élevée qui l'avoisine à l'est. De là, sur les flancs du cône, au nord et au midi, deux vallées par lesquelles, surtout par celle du midi, appelée *la Vialle*, on arrive facilement au sommet. Au surplus, dans chaque vallée se forme un petit ruisseau ; celui de *la Vialle*, appelé *la Riaille*, après avoir débouché dans la plaine, fléchit au couchant et va se jeter dans le Lez, rivière limitrophe de Montbrison, à 200 mètres plus bas que le ruisseau de la vallée du nord, appelée *les Rayes*.

Ces ruisseaux, le voisinage du Lez et diverses sources naissant sur le territoire, donnent à la plaine de Montbrison un agrément et une fécondité qui engagèrent les Romains, maîtres de la région, à y établir des *villas*, comme le prouvent deux autels à Mercure, les monnaies, les substructions, et les débris de mosaïque grossière et d'une statue en marbre trouvés dans ce lieu [1].

Après les Romains, les invasions des Barbares couvrent le

---

[1]. *Mémorial de la paroisse de Montbrison* (ms.), t. 1er, p. 15-7 ; — *Bull. de la Soc. archéol. de la Drôme*, VIII, 115 ; X, 448-9 ; — Lacroix, *L'arrond[t] de Montélimar*, V, 190-1.

sol de ruines, et la région demeure peut-être inhabitée pendant plusieurs siècles.

Puis, avec la féodalité, un nouvel ordre de choses permet de s'établir au sommet des coteaux, en faisant le guet nuit et jour du haut des tours et des remparts crénelés.

Ainsi en fut à Montbrison, où le sommet du cône dont nous avons parlé était jadis surmonté d'un château-fort, et d'un village avec tours et remparts flanquant ce château-fort dans la direction de l'est et du sud-est.

Château et village sont sans doute de création contemporaine, et datent d'une époque antérieure au XIIIe siècle, vraisemblablement du commencement du XIe ou de la fin du Xe. C'est bien généralement alors, que les guerriers, devenus héréditaires dans leurs fiefs, grâce à la faiblesse des souverains de la Bourgogne et à l'anarchie, prirent les noms des bourgs et villages inféodés, ou donnèrent le leur, devenu patronymique, aux châteaux, bourgs et villages par eux fondés.

Inutile d'ajouter que ce fut seulement à cette époque que le lieu prit ce nom de Montbrison, dont M. de Coston tire l'étymologie des mots *mons, mont*, et d'un nom d'homme, *Brison*, « forme francisée de *Breiz* (breton) », ce qui donne Montagne de Brison [1].

C'est à la même époque, ou au XIIe siècle pour le plus tard, que remonte la fondation du prieuré construit sur la rive droite de *la Riaille*, à quelques pas seulement en aval de la gorge par laquelle ce ruisseau quitte la vallée de *la Vialle* pour entrer dans la plaine.

Ce prieuré dépendait de l'ordre de Cluny, et était immédiatement soumis, comme ceux de Saint-Pantaléon et de Visan, le doyenné de Colonzelles et la maison de Tulette, au prieuré de Saint-Saturnin-du-Port, plus tard le Pont-Saint-Esprit. Il devait y avoir deux religieux, y compris le prieur [2]; ce qui a

---

1. *Étymologies des noms de lieu de la Drôme*, p. 35.
2. Dom MARRIER, *Bibliotheca Cluniacensis*; Paris, 1614, col. 1780 (catalogus beneficiorum). — Un procureur de l'ordre de Cluny prétendait, en 1687, que le pouillé de cet ordre prescrivait pour Montbrison deux religieux outre le prieur (*L'arrond. cit.*, V, 215).

suffi pour valoir à un petit monticule tout voisin le nom de *Serre des moines*, que lui donnent encore plusieurs documents des derniers siècles. Une église, depuis longtemps en ruines, joignait au levant le bâtiment prieural. Elle était fort grande, à en juger par les fondations qu'on en trouve en creusant les fosses dans le cimetière actuel, qui a depuis nombre d'années empiété sur les débris de cette église. Elle avait le chœur au midi et était pourvue d'un bas-côté au couchant, peut-être d'un au levant ; car il reste encore contre le chœur, seul debout, une partie de l'arc à plein cintre qui surmontait la première ouverture faisant communiquer avec la nef le bas-côté occidental, beaucoup plus étroit qu'elle.

Le premier titulaire connu de ce prieuré est « Mr Humbert, prieur des Églises de Montbrison », qui fut témoin, le 14 juin 1250, d'un acte passé à Visan, entre l'évêque de Saint-Paul-trois-Châteaux et le prieur de Saint-Martin de Visan, d'une part, et les habitants de Visan, d'autre part [1].

Au XIVe siècle, le bénéfice payait au pape une décime ou imposition annuelle de 51 livres, tandis que celle du Pègue était seulement de 10 livres, celles de Vesc et de Rousset, chacune de 50, celle de Taulignan de 70, et celle de Tourretes près Grignan de 60. Comme ces autres bénéfices, il faisait alors partie du diocèse de Die et de l'archiprêtré du Désert [2].

L'élévation relative de cette taxe devant une dîme d'une importance certainement médiocre, s'explique par les fonds dont le prieuré possédait la directe dans le lieu ; fonds dont l'étendue, la qualité supérieure et la situation au pied et autour de la colline conique surmontée du château et du village, s'accordent avec la cession du bénéfice et de ces fonds à Cluny dès la fondation de ce village .

A des actes faits à Grignan assistèrent comme témoins, le 23 janvier 1437, noble et vénérable homme dom Jean d'Ambel *(de Ambello)*, religieux, prieur de Montbrison, et le 22 janvier

---

[1]. *Statuts de la communauté de Visan*; Avignon, 1685, p. 129-40.
[2]. CHEVALIER, *Polyptic. Diens.*, p. 46-7.
[3]. Arch. de l'église de Montbrison, reg. orig. de reconnaissances « des fieux du prieuré » de Montbrison de 1540.

1440 religieux homme dom Pierre d'Ambel *(de Anbello)*, prieur de Montbrison [1] ; ce qui prouve que le prieuré était encore alors aux mains des réguliers.

Le prieur est taxé à 4 florins par an pour le droit « de visite et de procuration », dans les pouillés de Die de 1449, 1450 et 1451 [2]. Il faut évidemment entendre par là le droit épiscopal pour visite des églises du lieu. Toutefois, Gaspard de Tournon, évêque de Valence et Die, étant venu faire sa visite, se borna à celle de l'église du village ; il ne fit pas celle de l'église du prieuré [3], qui était au lendemain ou à la veille d'un changement important. Nous voulons parler de la chute de celui-ci en commende, arrivée antérieurement à 1540.

En effet, « Pierre des Alrics, » né du mariage d'Hector, co-seigneur de Rousset, avec Françoise Diès, dame du Pègue, avait déjà été nommé protonotaire apostolique, et pourvu par le pape Paul III des prieurés de Rousset et de Saint-Pantaléon dans le Comtat, sur la démission de Charles de La Baume, évêque d'Orange. Il obtint du roi François Ier, en 1540, des lettres de naturalisation pour pouvoir posséder des bénéfices en France, en vertu desquelles il reçut en commende les prieurés de Montbrison et d'Alençon [4].

Un de ses premiers soins, après cela, fut de réclamer les reconnaissances des biens du prieuré de Montbrison. Nous avons celles que lui firent une vingtaine de tenanciers de ce lieu, en février et en avril 1540, devant Cherpin notaire. Les redevances sont en nature et en argent, notamment en « deniers Vienes. » La plupart des fonds sont reconnus seulement « sur la directe et senhorie du prioré ; » mais plusieurs le sont « sur la directe et majour segnorie du R. P. Monsr Pierre Auric, du Sainct-Siége apostolique prothonotère, prieur du prieuré de Monbrison, et dud. prieuré. » [5]

Un acte de 1555 nous apprend que l'église de ce prieuré était

---

1. Mairie de Grignan, délibérat. municip., reg. de 1895-1515, ff. lxxxv et lxxxviij.
2. Arch. de la Drôme, fonds de Die ; —Brun-Durand, *Pouillé de Die*, p. 25.
3. Arch. de la Drôme, visites de Die.
4. Pithon-Curt, *Noblesse du Comtat*, I, 40-1.
5. Arch. de l'église de Montbrison, reg. orig. cit.

toujours sous le vocable de Notre-Dame-des-Eglises, et que le prieur était encore Pierre Alric *(Henrici)*, protonotaire apostolique et seigneur de Saint-Pantaléon [1].

Au milieu des désordres occasionnés par les guerres du protestantisme, le prieuré de Montbrison est côté à 29 écus d'impôt en un rôle des charges ecclésiastiques, du 4 avril 1588 [2]. Il eut cependant beaucoup à souffrir de ces guerres, comme l'église attenante et celle du village. Ainsi, après « Monsieur (Jaques) de Bruyère, vicaire forein de Die » en 1626, « prieur de Mombrison et archiprebtre des Desers » en 1628, on voit en décembre 1637 les commissaires généraux de l'ordre de Cluny visiter notre prieuré. Or, celui-ci perd presque le nom de Notre-Dame-des-Eglises pour prendre celui de Saint-Blaise ; le Saint-Sacrement ne repose pas dans l'église attenante, bien qu'elle serve depuis quelque temps au culte paroissial ; celle-ci n'a en état que « la voulte et couvert du presbytère » ou sanctuaire ; de vieilles masures servent au logement du prieur, qui est cependant en état ; le prieur, « de l'âge de 18 à 20 ans, séculier, » est commendataire, n'est « encore promeu aux ordres sacrés », se nomme « Robert Bruyère » et habite le plus souvent au Pègue. Il ne paraît pas devant les visiteurs ; mais, d'après le prieur du Pègue, le bénéfice de Montbrison n'a de revenu que les dîmes affermées 400 livres ; sur quoi, 150 livres pour la congrue du curé, et 100 pour décimes et autres charges prélevées, il reste si peu pour le prieur, que celui-ci doit recourir à ses parents et amis pour vivre modestement. Les commissaires prescrivent au prieur de payer à l'abbé de Cluny la pension due à la mense abbatiale [3].

En 1644 et 1664, les revenus prieuraux de Robert Bruyère à Montbrison « consistent en dismes qui sont payés, quand à la pleine à la cotte dix huitième quand aux grains et à la quinzième pour les agniaux et vin, et quand à la montagne à la

---

1. LACROIX, op. et t. cit., p. 208.
2. Biblioth. de Grenoble, mss. de Guy ALLARD, t. VI, f. 96-9.
3. LACROIX, op. et t. cit., p. 214-6. — Le 1ᵉʳ janvier 1617, fut baptisé à Rousset « Roubert Bruyère, fils nat. et légit. de Monsieur Louis Bruyère et de damoyselle Marie de St-Estienne... » (Arch. de Rousset, mairie). Ce baptisé était certainement notre futur prieur.

cotte vingt quatrième (on les exigeoit autrefois à la dousième); et outre ce, quelques fonds et maison et jardin ». Le tout valait 436 livres en 1644, environ 500 en 1664.

En 1687, le prieuré valait 5 ou 600 livres, et était encore tenu, ainsi qu'en 1688, par un « de Bruyère 1. »

En 1729, il valait 730 livres, mais les charges en prenaient 345.

François Mathieu, son possesseur, étant décédé le 26 février 1741, le « prieuré simple de Notre-Dame des Eglises de Saint-Blaize de Montbrison, ordre de Saint-Benoît, » fut l'objet de compétitions entre Etienne Faure, clerc tonsuré du diocèse de Saint-Paul, et Jean-Louis Durand, clerc de Valréas, diocèse de Vaison, auquel l'adjugea enfin un arrêt du Grand-Conseil du roi du 28 juin 1743. Ce fut en vain, d'ailleurs, que Armand de Rohan-Ventadour, coadjuteur à l'évêché de Strasbourg, prieur commendataire du Pont-Saint-Esprit, s'était fait admettre comme partie intervenante à titre de collateur du bénéfice 2.

Louis Durand, « prêtre de Valréas, » était encore prieur commendataire de Montbrison le 14 février 1759, jour où l'évêque, en visite dans ce lieu, y trouvait deux décimateurs : « le Roy et le prieur. » Le roi prenait sa dîme pour le blé et les autres grains, à l'aire et à la cote 27e, et pour le vin, aux vendanges et à la cote 20e. Le prieur était payé en gerbes pour les grains et légumes, les haricots exceptés, à la cote 18e ; pour le vin, aux vendanges à la cote 20e, et pour les agneaux à la 15e. La dîme du prieur, une maison et des biens-fonds étaient « affermés 1300 livres, et auparavant 1400 3. » Après Mr de Bruges (frère du comte de Bruges, seigneur de Novezan), prieur en 1777 et 1788, arrive la Révolution, qui enlève tout.

Quant à la maison prieurale, où le prieur ne résidait définitivement plus depuis longtemps, et qui servit souvent aux XVIIe et XVIIIe siècles pour les réunions municipales 4, elle était encore debout, quoiqu'en mauvais état, au commencement

1. Arch. de la Drôme, visites de Die ; — Arch. de la mairie de Montbrison, délib. municip.
2. Arch. de M. Devès, orig. parch.
3. Arch. de la Drôme, visites de Die.
4. Arch. de la mairie de Montbrison, délibérat.

du XIX⁰. Mais elle est tombée depuis, sous l'action du temps et la main de l'homme. Ses débris ont été enlevés lors de l'agrandissement du cimetière, dont la partie neuve a pris vers 1860 l'emplacement de ce bâtiment vénérable.

II. Eglises paroissiales.

Les masures du vieux village de Montbrison permettent d'affirmer qu'il y avait là réunie une population d'au moins 300 âmes. A cette agglomération il fallait une église dans les murs mêmes. Il y en avait en effet une, dont les restes se distinguaient encore, il y a une trentaine d'années, à l'extrémité sud-ouest des ruines, c'est-à-dire sur la crête, à l'opposé du château, lequel occupait l'extrémité nord-ouest. Et cette église était la paroissiale.

Desservie d'abord par le prieur du lieu, elle avait avant la fin du XIVᵉ siècle un curé distinct du prieur, et que l'exiguité de son revenu exemptait alors de la décime papale 1.

En 1449 et 1451, la taxe de procuration pour visite épiscopale n'atteint pas le curé de Montbrison *(curatus Montis Brizonis)*, qui en mai 1452 transmet au receveur de cette taxe les 4 florins payés par le prieur de Taulignan 2.

Mais, depuis le XIVᵉ siècle, un nouvel ordre de choses et la centralisation du pouvoir civil et militaire rendaient moins utile l'habitation du peuple derrière des remparts et en des lieux élevés. D'autre part, les inconvénients d'une telle position, au double point de vue du travail des terres et de la circulation, se faisaient fortement sentir. Il y eut à Montbrison, comme dans les lieux semblables, une tendance à quitter ces nids d'aigle pour se fixer dans la plaine. Ceux dont les vieilles maisons réclamaient reconstruction, se transportaient volontiers en des lieux plus accessibles ; et vers la fin du XVᵉ siècle ce mouvement avait certainement privé notre vieux et haut village d'une partie de ses habitants, à l'avantage du *plan*. Dix-neuf pièces de monnaie de France, de Dauphiné et d'états voi-

---

1. Chevalier, *Polypt. Diens.*, p. 51.
2. Archiv. de la Drôme, rôle de Die coté Pr're ; — Brun-Durand, op. cit., p. 25-9.

sins, trouvées depuis peu dans les ruines de ce village, et toutes de 1380 à 1460, prouvent que vers cette dernière date il y avait déjà de vieux murs, des coins inexplorés.

Aussi en 1509, l'église paroissiale, dédiée à Saint-Michel, et qui avait apparemment toujours laissé à celle du prieuré, entourée du cimetière, les cérémonies des sépultures, avait encore cédé de ses droits à cette dernière, et ne portait plus que le titre d'église baptismale *(ecclesia baptismalis S^{ti} Michaelis Montisbrisonis)*. On jugera de son état par l'ordonnance que fit à son sujet l'évêque visiteur, le 18 novembre de lad. année :

« Qu'on entretienne bien la lampe du Corps du Seigneur ; qu'on répare la patène d'argent et la vitre du vase des reliques ; qu'on réétiquette les reliques de saint Blaise ; qu'on fasse encore un corporal neuf, un vase vitré pour porter le Corps du Seigneur le jour de sa fête, un vase en cuivre pour les infirmes, trois nappes pour le maître-autel, une chaîne au lieu de la corde pour lever et descendre le Corps du Seigneur, un couvert neuf en soie pour en couvrir la custode en guise de courtine, un responsorial neuf pour les jours solennels et les trois des ténèbres ; qu'on se procure un psautier neuf imprimé ; qu'on mure la fenêtre qui est derrière l'autel ; qu'on ait une custode en cuivre, dorée en dedans, placée sur le cercle en cuivre muni de chaînes, et garni de corporaux en dedans ; qu'on mette dans les fonds baptismaux une coquille d'étain plus grande, ou qu'on étame celle qu'il y a ; qu'on fasse une piscine en pierre haute près de ces fonts ; que tout cela soit exécuté d'ici à la fête de la Saint-Michel prochaine. »

Le secrétaire nota que l'évêque n'avait rien reçu pour droit, mais 8 florins pour *past* [1].

On trouve encore du XVIe siècle un document constatant l'existence d'un curé et d'un prieur à Montbrison en 1516 [2]. Mais, encore un demi-siècle, et les guerres du protestantisme donneront le coup mortel à notre vieux village et à sa vieille église.

1. Arch. de la Drôme, visites de Die.
2. LACROIX, op. et t. cit., p. 208.

Nous n'avons pas de détail sur les événements violents dont ils furent sans doute les témoins, peut-être les victimes. Mais il est certain que les remparts du village, dont les dernières réparations rappellent le XVIe siècle par leur style et leur caractère, n'ont été depuis lors qu'en tombant ; qu'il n'y avait plus au XVIIe siècle que de très-rares habitants, un four banal et quelques masures ; que la tradition d'après laquelle des cloches y auraient été jetées dans un puits dont on montre la surface, et une épée rouillée qu'on y aurait trouvée, supposent une attaque ; enfin, que la population, précédemment toute catholique, y devint en partie chaudement protestante.

Ce dernier point est des plus positifs ; et, si les premiers commissaires exécuteurs de l'édit de Nantes (1598) interdirent l'exercice du culte protestant à Montbrison, sans l'interdire à Taulignan et au Pègue [1], on ne laissa pas d'y rester également attaché longtemps encore à l'hérésie. En effet, malgré les arrêts du conseil du Roi de 1639 défendant aux pasteurs et aux protestants de Taulignan « de plus faire aulcun exercice de la R. P. R. en lad. ville et faulxbourgs de Taulignan, » le pasteur du lieu, Etienne de Vulson de Colombière, ayant obtenu le 27 avril 1640 un arrêt l'autorisant à y habiter comme personne privée ne manqua pas d'entretenir les réunions précédentes ; ce qui, dénoncé par Mgr de Léberon, évêque de Valence, motiva un nouvel arrêt du Conseil en date du 23 avril 1641, confirmant ceux de 1639, et défendant nommément aux protestants de Monbrison tout exercice de leur culte audit lieu [2].

Quant à l'église du village, elle était alors depuis longtemps en ruines. Le service paroissial se faisait exclusivement dans l'église du prieuré, elle-même en partie ruinée et fort mal munie. Ainsi, en décembre 1633, les commissaires de Cluny se l'étant fait ouvrir par le curé du lieu, n'y trouvèrent pas le St-Sacrement : on craignait les « scandales » qui auraient pu « se commettre, mesmes par ceulx de la religion préthendue réformée, qui» étaient «en assez grand nombre en ces quartiers.»

---

1. *Bullet.* cit., III, 401-2 ; VIII, 398.
2. Arch. de la Drôme, *Livre blanc* des évêch. de Val. et Die, f. 262-3.

L'autel était mal garni de nappes, et le devant tout déchiré ; il n'y avait pour tous « ornements qu'une chasuble et une aube avec un calice et un missel, » placés « dans une fenestre dans la muraille à costé dud. autel, sans porte. » De l'église il restait en état le chœur avec ses « voulte et couvert. » Le curé seul faisait le service religieux ; il avait 150 livres de congrue. Les visiteurs ordonnèrent d'orner l'autel d'un devant et d'une nappe, et d'acheter un meuble pour fermer les ornements 1.

En 1644, l'évêque en visite ordonne « qu'attendu la desmolition de l'église parrochiale St-Blaise 2 de Montbrison, le divin service et les fonctions curiales seront » faits « dans l'église Notre-Dame dud. lieu ; que le prieur » sera tenu de « fournir d'un calice et patêne d'argent, où du moins led. calice ayant la coupe d'argent, » et « d'un garde-robe pour les ornements, » comme de payer la congrue au curé ; que les paroissiens feront fermer l'église de bonnes porte et serrure, paver et blanchir la nef, faire des fonts baptismaux, et rebâtiront une maison pour le curé ou l'achèteront, et en attendant lui en loueront une ; que Jean Maxilia, curé, fera la doctrine tous les dimanches et enregistrera baptêmes, mariages et sépultures. On pourvoira plus tard à ce qui regarde le tabernacle, le confessionnal, la chaire, la lampe, l'huile, etc. 3.

Trois ans après était fondue une cloche d'environ 180 kilog. portant l'inscription suivante : † IHS MARIA SANCTE BLAISI ORA PRO NOBIS IAPARTIENS A MONTBRISONT NOBLE ROVBERT DE BRVYERES PRIEVR DVDICT MONTBRISON.

En bas est une croix en monogramme avec la date 1647.

C'est la cloche qui sonne aujourd'hui sur l'église de Montbrison, et qui attend, ainsi que celle de 11 quintaux fondue en 1875 et suspendue sous un hangar, un clocher digne d'elles.

En 1664, l'évêque trouve le divin service « fait depuis longtemps proche du prieuré, laquelle est soubs le vocable de Notre Dame, l'antiene esglise de St-Blaise qui estoit dans le

---

1. LACROIX, op. et t. cit., p. 214-C.
2. L'église baptismale de St-Michel de 1509.
3. Arch. de la Drôme, visites de Die.

vilage estant entièrement ruynée. » Il est reçu par le prieur de Bruyère et Jean Maxilia, curé. Cette église de Notre-Dame est elle-même « en partie ruynée ; ce qui reste est voûté et en estat. » L'autel, « de massonerie, » est garni d'un calice ayant coupe et patène d'argent, et le reste du mobilier, pauvre. Le cimetière, joignant l'église, n'est pas clos ; « la maison curiale est ruynée, le curé en loue une à ses despans. » Le prélat fait une ordonnance [1], et en 1671 est construite une petite maison curiale à 1600 pas de l'église, point central de la paroisse.

Jean-Baptiste Jacquet, du Comtat, curé de Montbrison de 1674 à 1695, améliore les choses. En 1687 le mobilier est passable, le revenu curial est de 300 livres, et la cure à la libre collation de l'ordinaire. Douze familles de nouveaux convertis laissent seulement d'une ou de deux la population protestante. Mais l'église était encore trop petite et non réparée. Un mémoire du temps, adressé à l'évêque de Die, nous apprend que, lorsqu'il pleut, le service y est impossible. Elle a 18 pans de long sur autant de large, et le presbytère ou chœur 11 en carré ; elle n'est ni pavée, ni blanchie, ni voûtée, et ne possède ni tabernacle, ni ciboire, ni soleil, ni fonts baptismaux, ni reliques, ni fondations, ni lampe allumée, ni encensoir. Le cimetière est clos de murs, et onze familles de nouveaux convertis avec vingt-cinq d'anciens catholiques forment la population [2]. Enfin, cependant, le 17 août 1691 Jean Arlot, maçon de Rousset, sur l'ordre de la commune venait de faire à l'église des réparations importantes [3], et le 31 octobre 1697 l'évêque de Die, en visite, se contentait d'ordonner des améliorations dans le mobilier et des mesures intéressant directement le bien religieux et moral de la paroisse [4].

Vers ce temps, le 10 octobre 1697, cet évêque, Séraphin de Pajot, faisait imprimer et publier au prône un mandement relatif à une fille de Montbrison, Marguerite Tutier, qui courait la Provence en publiant qu'elle avait été muette et ensuite mi-

1. Ibid.
2. Ibid. ; — LACROIX, L'arrond. de Montél., V, 209-10.
3. Arch. de la mairie de Montbrison, délibérations.
4. Arch. de la Drôme, visites de Die.

raculeusement guérie par l'intercession de la Sainte Vierge, ce qui était contraire à la vérité ; aussi l'avait-il fait enfermer dans les prisons de l'officialité de son diocèse, et prévenait-il les fidèles de se tenir en garde contre le récit mensonger de cette fille [1].

Depuis lors jusqu'à 1759 l'église ne reçut aucune modification sérieuse. Les archives constatent seulement l'achat d'ornements et vases sacrés. Elles donnent aussi la série des curés, qui furent : de 1721 à 1737, Joseph Brocheny ; de 1738 à 1740, Bonaventure-Daniel Rippert; en 1741, Joseph-Marie Delhaye ; en 1742, Duport; de 1743 à 1749, François Giry ; en 1753, Claude Doux; en 1755, Ennemond Gleyze, plus tard chapelain « de Notre-Dame de Bois Vert » à Rousset ; de 1757 à 1759, François Jayme, du diocèse d'Embrun [2].

Mais la population augmentait. De 100 communiants, dont 12 familles de nouveaux convertis, qu'elle comprenait en 1732, elle arrivait en 1759 à 48 ménages catholiques et 168 communiants. Huit familles habitaient *Gueyle*, le hameau principal ; quatre, près de la maison curiale. Les autres étaient éparses. Le curé avait 150 livres de congrue. L'église était trop petite et presque à l'extrémité du territoire, peu à portée des habitants et d'un accès difficile en hiver ; elle était isolée et voisine seulement des fermiers du prieur ; on voulait la reconstruire à un quart de lieue moins loin, près de la maison curiale. L'évêque, alors en visite, ayant constaté l'état des choses, donnait deux ans pour le choix du nouvel emplacement ; et, en août suivant, la municipalité, malgré l'opposition du châtelain Morein, approuvait le transfert au lieu susdit, et donnait pouvoir aux consuls de se pourvoir à l'intendant de la province.

Après vingt ans de retard, on reprend le projet. En 1779, le consul Charpenel rappelle dans une assemblée générale les motifs urgents de l'exécuter, et propose le transfert près de la maison curiale. On le charge de faire dresser un devis par Michel, entrepreneur à Nyons, pour être ensuite adressé requête

1. LACROIX, loco cit.
2. Arch. de la Drôme ; — Id. de la mairie de Montbrison.

à l'intendant en vue de permission et secours. Un bail à prix fait est passé la même année à Michel ; mais des obstacles suscités par le châtelain Morein et par Flotte, syndic des forains, empêchent l'assemblée de le ratifier.

Cependant, grâce au bon vouloir de quelques personnes et à l'intervention de Mlle Victoire-Marie de Durand de Blacons, un à-compte de 100 livres ayant été donné à Michel, celui-ci commença les approvisionnements. Mais Flotte arrêta encore les choses.

Alors Mlle de Blacons écrivit ce qui suit aux administrateurs :

« A Serre, le 30ᵉ avril 1781.

« Messieurs, Vous avez dû sçavoir mon avis, par Mon-
« sieur Grosset, que je priai de vous en instruire, lors d'une
« délibération tenue à ce sujet de la construction et du local
« dont il avait été fait choix pour une Église ; il m'est parvenu
« que quelques esprits inquiets de la comm^té cherchoient les
« moyens d'annuller l'acte de bail à rabais auquel elle avoit
« consenty, authorisé par Monseigneur l'Intendant, homolo-
« gué au Parlement, et sur lequel il a été donné des à comptes
« à l'Entrepreneur ; comme officiers de cette comm^té, c'est à
« vous que je déclare, Messieurs, persister toujours dans mon
« premier sentiment, et que, dans le cas qu'il y aye procès
« entre la comm^té et les entrepreneurs, je prétends n'y contri-
« buer d'aucune manière ; s'il faut s'adresser même aux puis-
« sances, je m'en ferai écouter.

« J'ai l'honneur d'être votre très-humble et très-obéissante
« servante. (Signé :) Blacon Pontaujard. »

Joseph Arnaud, curé de Montbrison, en demandant l'enregistrement de cette lettre, insiste fortement, le 24 mai 1781, sur l'urgence d'exécuter le projet. Il rappelle que l'église est hors de sa portée et les chemins impraticables ; que la maison curiale elle-même n'a qu'une mauvaise chambre toujours à la pluie, pas de chambre pour domestique, pas de bûcher, et qu'une poutre menace ruine.

Jean-Pierre Charpenel et Louis Calvier, consuls, se mettent à l'œuvre. Pour diminuer la dépense, Charpenel propose de renoncer au terrain offert pour 100 livres par Coulange, et de mettre l'église sur une partie du jardin de la cure, qu'il remplacera lui-même gratuitement au couchant de la nouvelle église ; le devis porte deux chapelles, mais on peut les retrancher ; on peut employer aux angles de la pierre de Montbrison seulement brochée : c'est en tout une économie de 900 à 1000 livres.

On convient de tout avec Michel ; et néanmoins en 1787 il fallait sommer ce dernier de parachever l'église commencée. Il est vrai que Michel était de son côté réduit à assigner Jacques Veyrier, collecteur de 1785 et 1786, pour avoir les 1000 fr. imposés sur ces années pour l'œuvre. Du reste, une sommation à l'entrepreneur, donnée en 1789, aboutit ; car le 9 août 1790, ce dernier invitait la commune à choisir des experts pour examiner et recevoir le travail, et l'année d'après le curé écrivait ces lignes :

« L'an 1791 et le 9 janvier, j'ay enfin béni l'église, assisté de
« M. Doux, curé de Rousset, Alexandre, curé de St-Pantaléon,
« Aubert, curé de la Roche-St-Secret, etc. M. Alexandre a
« chanté la messe solennelle de St-Blaise, en présence d'une
« foule accourue de tout le voisinage et de la troupe nationale
« sous les armes. Si vous pouviez imaginer toutes les dépenses,
« toutes les courses et tous les soucis dont cette église m'a
« rongé pendant près de onze ans, vous ne pourriez vous em
« pêcher de prier Dieu pour moi. Joseph Arnaud, curé [1]. »

Un des prédécesseurs de ce curé avait été assassiné « d'un coup de fusil, lorsqu'il se mit à sa fenestre, » et inhumé dans l'église le 15 novembre 1572, en présence des principaux habitants [2]. La tradition parle en effet d'un curé du lieu tué de cette manière par un nommé Bruyère, qui l'aurait appelé en feignant de réclamer son ministère. Seulement, la tradition nomme comme victime Guillaume Bourget, encore curé de Montbrison en 1776. Elle fait sans doute erreur sur le nom. Mais revenons à l'église.

Montbrison n'avait pas achevé de la payer, et Michel assi-

1. Ibid.
2. Lacroix, op. et t. cit., p. 211-2.

gnait pour ce la commune en la personne du maire Roussin, le 17 février 1792. Le lendemain, la débitrice décidait de prier Michel d'éviter des frais et de l'assurer de son payement intégral. Il restait dû 991 livres, 9 sols et 3 deniers.

Il fallait aussi la pourvoir des ornements et vases sacrés convenables. Le 21 février 1793, les officiers municipaux décidèrent que Jacques Veyrier, maire, et le procureur iraient à Valréas le 25 du même mois, jour où devait s'y faire la vente des effets des couvents, et demanderaient aux commissaires de cette vente les objets nécessaires à l'église de Montbrison. Mais ces objets, s'ils furent obtenus, allèrent avec d'autres et furent portés par Fr. Veyrier aux administrateurs du district, le 7 avril 1795.

Ajoutons toutefois que la municipalité fut toujours relativement favorable à l'Eglise, au curé et au culte. Le 29 juillet 1790, elle délibère que les moyens de la commune ne lui permettent pas de faire aucune offre sur les biens du lieu déclarés nationaux. Le 7 mars 1791, elle fait une requête pour obtenir un jardin pour le curé, conformément à la loi du 23 octobre 1790, et, le 1er mai, un arrêté du Directoire adjuge à Joseph Arnaud, curé, un demi-arpent sur celui ou ceux des quatre fonds appartenant ci-devant à la cure, qui sera ou seront le plus à proximité; ensuite de quoi, le 26 dud. mois, les officiers, accompagnés de Jean-François Durand, géomètre de Taulignan, mesurent et limitent au curé le demi-arpent pris sur lesd. fonds, situés au quartier dit *du serre des moines*. La loi du 7 vendémiaire an 4 ayant cédé provisoirement aux catholiques l'usage des églises, sous la surveillance des autorités, Jean-Pierre Charpenel donne volontiers, le 29 janvier 1796, à plusieurs citoyens du lieu, acte du choix qu'ils viennent de faire de la ci-devant église de la commune pour y exercer le culte catholique [1].

Au rétablissement du culte, François Rolland, ancien curé de Taulignan, fut nommé par Mgr Bécherel à « l'annexe de

---

1. Arch. de la mairie de Montbrison.

Montbrison. » Jacques Veyrier, ancien maire, fut de ceux qui assistèrent avec le plus de joie, le 20 mai 1804, à l'installation (par M. Martinel, curé de Grignan) du desservant, qui toutefois faisait « les fonctions ecclésiastiques sacerdotales » en « la paroisse de Montbrison » depuis octobre 1803. Il voulut même contribuer à l'ornementation de l'église par le don du tableau, en toile peinte à l'huile, de St-Blaise, qui est au fond de l'abside et qui porte, avec le nom du peintre (Joseph Marin) et celui du donateur, la date de 1806.

Après M. Rolland, qui disparait dès juillet 1807, on trouve en décembre suivant « Brachet, recteur de Montbrison, » qui dès février 1809 dessert « la succursale de Montbrison et du Pègue, » et va, à la fin de 1813, habiter le Pègue. Dès lors Montbrison, rattaché au Pègue, n'eut plus qu'une partie du service paroissial [1]. On y faisait ordinairement les sépultures et baptêmes de la localité, et on y célébrait le dimanche, grâce à un binage, mais irrégulièrement.

En juillet 1860, M. l'abbé Marie-Ferdinand Viel est envoyé desservir Montbrison, en instance pour devenir succursale, et un décret du 28 décembre 1861 sanctionne l'érection. Secondé par la haute intelligence et le bon vouloir de M. Doux, alors maire, M. Viel fait ouvrir et construire deux chapelles latérales, et, grâce à la générosité de ses paroissiens, achète trois autels en marbre [2]. Il laisse la paroisse sur un excellent pied en 1865, pour aller aux Granges-Gontardes, et M. Ravel continue son œuvre à Montbrison, où nous l'avons remplacé nous-même en 1873.

Le seul fait saillant de notre administration est l'achat d'une cloche de onze quintaux, donnée par les habitants, principalement par l'excellente famille Roux. Bénite sous notre successeur, elle a eu pour parrain M. Théophile Roux, président du conseil de fabrique, et pour marraine Mme Roux, née Meyer, supérieure de la confrérie du St-Rosaire.

---

1. Arch. de l'église de Montbrison.
2. Celui de la Ste-Vierge fut donné en 1861, par Mlle Julie Paradis ; celui de St-Joseph, en 1864, par l'honorable famille Chaix.

Sans être un bijou, l'église de Montbrison, qui est voûtée et mesure hors œuvre 17 m. de long, y compris l'abside, et 9 de large (sans compter les chapelles), ne manque pas de grâce. Le presbytère est convenable depuis son agrandissement vers 1862. Le cimetière, trop éloigné, est en voie de transfert dans un lieu fort bien choisi. A bientôt le clocher tant désiré par notre digne successeur et ses paroissiens. L'excellente administration municipale de Montbrison 'ne faillira certainement pas à cette tâche.

III. Chapelles.

Antérieurement à 1644, existait contre le chœur de l'antique église Notre-Dame, jadis prieurale, à droite, une chapelle dédiée à Ste-Anne, et construite aux frais du curé. Elle n'était pas blanchie à cette date.

Une visite épiscopale de 1664 nous apprend que cette chapelle est alors voûtée et en état, que sur son autel sont « un restable avèq son cadre, une nape, un canon, un devant d'autel de papier, un petit crucifix letton ataché sur une petite croix de bois ». Vers 1687, la chapelle est intenable quand il pleut; puis on la répare.

En 1759, l'évêque constate qu'il n'y a point de sacristie dans l'église; que les ornements et linges de la paroisse sont dans une espèce d'armoire, qui se trouve dans la chapelle Ste-Anne, ainsi que le confessionnal ; que cette chapelle « est du côté de l'Évangile et dans toute la longueur de la nef, dont elle n'est séparée que par un arc ; lad. chapelle est voûtée ; le pavé et les murailles sont en bon état ; la voûte et le toit ayant besoin de quelques réparations ; l'autel est en maçonnerie, couvert d'un tapis, garni d'une pierre sacrée d'ardoise sans aucun vestige de consécration, d'un crucifix de bois, de deux chandeliers de letton, de quatre bouquets artificiels, d'un devant d'autel de laine..., et d'un tableau avec son cadre représentant ste Anne; dans lad. chapelle il y a une sépulture qu'on nous a dit appartenir à la famille de Bruyère, et un banc à Jean-Pierre Roussin, personne n'ayant paru pour nous représenter les titres. »

Cette chapelle laisse encore des ruines considérables.

Il y avait encore à Montbrison, dans le château de Pontaujard, aujourd'hui possédé par M. Descours, une chapelle dédiée à Ste-Madeleine. En 1644, elle ne servait plus au culte, et le chœur seul en subsistait.

La visite épiscopale de 1664 nous apprend que le chœur en était encore alors en état, qu'on y avait «joint une voûte,» que sa porte paraissait encore, que « la pierre de l'autel » était « à la basse-cour », qu'on disait qu' « elle avait eu 150 livres de rante que on » croyait « à présent perdus[1] ».

On distingue encore à Pontaujard le local en question, quoique sa destination étrangère en ait arraché presque tous les vestiges de sa destination sainte. Il avait environ 5 mètres de long sur 3 de large.

VI. Confréries.

Il y avait autrefois à Montbrison un *reynage* institué en l'honneur de St Blaise.

« Une note du XVIIe siècle nous en révèle quelques particularités : ainsi Blaise Julian exerçait alors les fonctions de *prince*, André Meyer, de *lieutenant*, Françoise Sabalie, de *reine*, Laurence Serre, de « *porte torche*, » Catherine Giroard, de « *porte pomme* », Alix, de *mignonne*, etc.[2] »

M. Viel, dès son arrivée à Montbrison, s'occupa d'y organiser des confréries essentiellement pieuses. Il fonda le 25 février 1862 la *Confrérie* ou *Congrégation de l'Immaculée-Conception*, pour les jeunes personnes ; le lendemain, celle du *Saint-Rosaire*, pour les femmes ; et un peu plus tard, celle de *Saint-Régis*, pour les hommes et jeunes gens. Toutes trois furent affiliées à l'*Apostolat de la Prière* le 8 décembre 1862[3].

Il y existe aussi depuis 1873 la *Confrérie de Notre-Dame du Mont-Carmel* ou du *Saint-Scapulaire*. Elle est érigée canoniquement.

V. Institutions charitables.

De temps immémorial on trouve à Montbrison le 24e de la

---

1. Arch. de la Drôme, visites de Die ; — Lacroix, op. et t. cit., p. 208.
2. Lacroix, op. et t. cit., p. 212.
3. Archives de l'égl. de Montbrison.

dîme destiné aux pauvres. La distribution en était faite par les curé, chatelain et consuls, de commune entente [1]. La loi du 4 août 1789, en abolissant les dîmes ecclésiastiques, priva les pauvres du 24e.

Il y avait jadis un refuge pour lépreux, puisque en 1692 le revenu de 25 livres de « la maladrerie de Montbrison, » au « diocèse de Die, » était en contestation devant la chambre royale à propos de l'union qu'on voulait en faire à l'ordre de Saint-Lazare [2].

La municipalité a donné souvent des preuves de sa charité pour les pauvres. En 1687, elle avait confié à Gédéon Vigne, châtelain, une pauvre fille inconnue et délaissée des siens, pour l'entretien de laquelle une rétribution était faite par la commune. En 1735, elle décide de payer « quatre sols par pauvre » à Tranchant, second consul, lorsqu'il « portera des pauvres malades dans les lieux voisins. » En 1741, elle donne au second consul 2 livres 10 sols de gages, pour « porter les pauvres malades » et avertir les habitants des assemblées. En 1767, elle promet 6 livres à Coulange, pour « mander les conseils, et porter les pauvres malades et soldats qui ne peuvent marcher au premier gîte de leur route [3]. »

Montbrison manquait de ressources pour la charité publique, quand un legs de Mlle Julie Paradis, en 1861, et un de M. Chapouton, en 1869, ont permis de constituer un fonds de quelque importance. Pour le rendre le plus possible utile aux pauvres, M. Ravel, curé, fonda, avec l'assentiment de la mairie et l'autorisation préfectorale, une *Société des dames du Bureau de Charité,* qui tient lieu de bureau de bienfaisance.

VI. Institutions scolaires.

En 1644, Montbrison n'a pas d'instituteur et le curé instruit la jeunesse.

En 1664, l'évêque n'y trouve encore « aucun maistre d'es—

---

1. Arch. de la Drôme; – Id. de la mairie de Montbrison.
2. Biblioth. de Grenoble, mss. de Guy Allard, VI, 439.
3. Arch. de la mairie de Montbrison.

colle; » il prescrit aux habitants d'en entretenir un « catholique. » Mais l'ordonnance n'est pas exécutée, et le prélat est obligé en 1697 de prescrire à la commune de pourvoir « à ce que, suivant les déclarations de Sa Majesté, les enfants soient bien et dûment instruits, qu'il y ait un maître. »

En 1714, la municipalité décide l'inscription de « 40 livres pour les gages du régent d'école » au rôle de taille de 1715, « attendu qu'ils n'ont aucun revenu pour y survenir. » En 1718, elle en donne 100.

De novembre 1723 à novembre 1726, elle vote les gages du « maître d'école Jean-Jacques Meffre, » qui « élevait la jeunesse, soit pour apprendre à bien lire, écrire, chifrer, et principalement à les instruire dans la Religion catholique, et généralement leur donner tous les préceptes convenables. » On tenait l'école dans la maison de Claire Michel, à qui les consuls payaient 4 livres par an de loyer.

Tiers Coulange avait en 1727, 1728 et 1729, 66 livres de gages, payables par quartier de 3 mois et d'avance. Il tenait l'école « au quartier de Peyrol, » en hiver de 7 à 10 heures du matin, et de midi à 3 heures du soir ; en été, de 6 à 9 heures du matin, et de midi à 3 heures du soir. Pas de rétribution par les parents.

En 1731, Jean-André Monier, de Valréas, avait 75 livres de gages ; en 1732, François Tardieu n'en avait que 51.

En 1739, Pierre Marcelin, qui avait 100 livres, meurt au poste. En novembre 1740, le curé Ripert prend les écoles pour 120 livres par an ; mais le 4 avril suivant, François Gellifier les prend à 10 livres par mois.

Puis, on les trouve à Duport, curé, pour 7 liv. 10 sous par mois, en 1743 ; au curé Giry, pour 60 livres l'an, de 1744 à 1749 ; à Pialla, pour 60, de mars 1750 à mars suivant ; à Coulange, pour 75, après ; aux curés Gleyze et Jayme, pour 75 et 100 livres, de 1755 à 1759. Ensuite, sauf en 1775, qu'on vote 100 livres pour les gages du « précepteur des enfants », les écoles paraissent abandonnées jusqu'à 1791, où on décide de louer, à 6 livres par an, la chambre de Jean-Pierre Charpenel, pour « tenir les assemblées communales et les écoles de la petite jeunesse » de la commune.

Le 9 février 1792, le conseil nomme pour apprendre à la jeunesse du lieu « à lire, écrire, chiffrer et les devoirs de la Religion chrétienne, » Louis Durand, de Taulignan, qui avait commencé ces fonctions depuis le 1er janvier, et aux gages de 150 livres pour la présente année, dont 9 mois sont employés a l'école, et 3 (juin, juillet et août) en vacances. En janvier suivant, Durand est de nouveau nommé, aux mêmes gages ; mais la Terreur disloque tout [1].

Quelques années après la Révolution, un instituteur fait l'école aux deux sexes ; mais, vers 1868, l'augmentation du local scolaire et des allocations communales permettent d'avoir deux écoles distinctes. Instituteur et institutrice sont laïques.

www.ingramcontent.com/pod-product-compliance
Lightning Source LLC
Chambersburg PA
CBHW070524050426
42451CB00013B/2837